FÊTE DE LA FONDATION
Autorités
et
Administratives
1.er Vendémiaire an VII
DE LA RÉPUBLIQUE

FÊTE DE LA FONDATION
Autorités
et
Administration
1er Vendémiaire
DE LA RÉPUBLIQUE
ÉGALITÉ
LIBERTÉ

LIBERTÉ.   *ÉGALITÉ.*

FÊTE

DE LA FONDATION

DE LA RÉPUBLIQUE.

PROGRAMME.

JOURS COMPLÉMENTAIRES.

Durant les six jours complémentaires, les Bibliothèques, Musées, les ateliers nationaux des Gobelins, de Sèvres, &c. seront ouverts au public depuis neuf heures du matin jusqu'à quatre heures de l'après-midi.

La cour du Palais national des sciences et arts sera ornée des plus belles tapisseries des Gobelins : on y exposera les fameuses tapisseries du Vatican, faites sur les dessins de *Raphaël*.

Au milieu de cette cour s'élèvera la statue de *l'Industrie*. Elle sera entourée de divers trophées et emblèmes relatifs aux arts.

Sur une estrade, près de la statue de *l'Industrie*, seront exposés les modèles des machines dont les auteurs ont obtenu des prix au jugement de l'Institut national et des autres principales Sociétés

I

savantes, et les échantillons des objets d'art et d'industrie qui furent distingués l'année dernière par un Jury chargé de leur examen.

Au milieu du salon du Musée central, seront exposés les ouvrages de sciences ou de littérature dont les auteurs auront été jugés dignes par l'Institut, d'être proclamés au Champ - de - Mars le jour de la Fête de la République.

Les productions des beaux-arts, dont les auteurs ont mérité le même honneur, seront désignées dans le salon par une inscription et par une branche de laurier.

Le dernier des jours complémentaires, à sept heures du soir, le bruit du canon annoncera la Fête du lendemain.

A ce signal, on allumera, sur les tours et les édifices les plus élevés de Paris, des feux qui brûleront le reste de la nuit.

A huit heures du soir, le Conservatoire de musique exécutera un concert dans la cour du Palais national des sciences et arts.

1.ᵉʳ VENDÉMIAIRE.

A la naissance du jour, la salve d'artillerie sera répétée.

Dans chacun des temples décadaires, il sera élevé un autel à la Concorde; on lira sur sa base:

> Paix à l'homme juste, à l'observateur fidèle des lois.

Cet autel sera placé près de l'Autel de la patrie.

L'un et l'autre seront réunis par des guirlandes de chêne et de laurier.

Autour de ce monument, seront les images des grands hommes dont les écrits ont éclairé le monde et préparé la révolution, et celles des généraux célèbres morts au champ d'honneur en défendant la République.

A neuf heures du matin, les Autorités et Administrations locales de chaque arrondissement, escortées d'un détachement de la garde nationale, se rendront de la Maison commune au temple décadaire.

(3)

Il sera porté devant les Autorités une enseigne sur laquelle on lira ces mots : *Le peuple debout est armé contre les ennemis extérieurs et intérieurs, pour l'intégrité de son territoire et le maintien de sa Constitution.* (Loi du 17 fructidor.)

Cette enseigne sera escortée par un nombreux détachement de citoyens armés.

Devant le cortége des Autorités, marcheront aussi,

1.º Les Instituteurs publics, et ceux de leurs élèves qui se sont distingués par leur civisme, leur moralité et leur application au travail;

2.º Des Militaires blessés : leurs pères et mères les accompagneront.

Ces militaires et leurs parens auront, dans le temple, des places d'honneur près de l'autel de la Concorde.

Les cérémonies commenceront par des chants patriotiques.

Le Président de l'Administration rappellera ensuite au peuple l'époque glorieuse de notre révolution où la République fut proclamée, et où la victoire vint se fixer sous nos drapeaux.

Il dira par quels efforts, par quels sacrifices, par quels malheurs, par quel courage, par quels triomphes, les Fondateurs de la République parvinrent à élever l'édifice constitutionnel de nos institutions politiques; il dira par quels moyens nos perfides ennemis nous ont empêchés et nous empêchent encore de jouir des bienfaits de la Constitution de l'an 3 ; et s'avançant ensuite vers l'autel de la Concorde, il invitera tous les républicains à abjurer de funestes divisions, et à ne songer qu'à la patrie en péril. *(Loi du 17 fructidor.)*

Le Président prononcera le serment civique prescrit par la loi du 12 thermidor dernier; les Administrateurs et tous les Officiers civils et militaires présens le répéteront avec lui.

La musique exécutera un chant patriotique.

Le Commissaire du Directoire exécutif donnera ensuite lecture de la proclamation du Directoire du 17 fructidor.

Les Instituteurs de la jeunesse s'avanceront alors dans l'enceinte, et promettront solennellement, au nom de la patrie, de veiller à la

(4)

conservation des lumières, au progrès de la philosophie et de la morale, de n'inspirer à leurs élèves que des sentimens républicains.

Les élèves s'avanceront à leur tour près du monument, et en détacheront quelques rameaux, qu'ils iront porter aux défenseurs de la patrie.

Le Président de l'Administration municipale proclamera les noms des citoyens conscrits qui ont obéi à la loi, et il désignera les individus qui s'y sont soustraits; il invitera les parens de ces derniers à les faire partir, et les Agens de l'autorité publique à donner main-forte à la loi. (*Loi du 17 fructidor.*)

Les noms des citoyens qui ont payé en tout ou en partie leur cotisation à l'emprunt forcé, seront aussi honorablement proclamés. (*Loi du 17 fructidor.*)

Un hymne à la République succédera à cette cérémonie.

Tout le cortége retournera ensuite, en ordre, à la Maison commune.

Au retour, les Militaires blessés marcheront appuyés sur les jeunes élèves des écoles.

Cérémonies de l'après-midi.

A deux heures, le Directoire, les Autorités et Administrations tant générales que locales, se réuniront dans la maison du Champ-de-Mars.

A trois heures, tout le cortége se mettra en marche vers l'Autel de la Patrie.

Le cortége des Autorités et Administrations sera précédé,

1.º Des jeunes gens qui ont obtenu, cette année, des prix dans les écoles centrales et spéciales;

2.º Des Artistes dont les ouvrages exposés au salon ont été distingués par l'Institut national;

3.º Des Auteurs dont les productions ont également été distinguées par l'Institut;

4.º Des Mécaniciens et Manufacturiers qui exposèrent, l'année dernière, au Champ-de-Mars, des machines ou des objets d'industrie dont la perfection ou l'utilité fut constatée par un Jury spécial nommé pour les examiner ;

5.º Des Laboureurs couronnés par le Département de la Seine à la fête de l'Agriculture.

Viendront ensuite, dans l'ordre accoutumé, les Fonctionnaires publics appelés ordinairement aux Fêtes nationales.

Devant le Directoire, des groupes de Militaires porteront deux faisceaux composés de drapeaux tricolors.

Entre ces deux faisceaux on portera l'enseigne désignée par la loi du 17 fructidor, et précédemment décrite.

Près de l'Autel de la patrie s'élèvera un autel à la Concorde, sur la base duquel on lira l'inscription :

Paix à l'homme juste, à l'observateur fidèle des lois.

A quelque distance de ces autels s'élèvera une colonne à la gloire des héros morts au champ d'honneur en défendant la patrie. (*Loi du 17 fructidor*).

Après des chants patriotiques exécutés par le Conservatoire de musique,

Le Président du Directoire annoncera que l'on va proclamer les noms de ceux qui ont bien mérité de la patrie, ou par de belles actions, ou par de bons ouvrages.

Le Ministre de l'intérieur proclamera les belles actions ; et le président de l'Institut, les bons ouvrages.

Le Conservatoire exécutera l'hymne sur la fondation de la République.

Le Président du Directoire prononcera un discours.

Il descendra ensuite vers l'autel de la Concorde, et là il invitera tous les républicains à abjurer de funestes divisions. *(Loi du 17 fructidor.)*

Une salve d'artillerie annoncera la prestation du serment civique
dont la formule est prescrite par la loi du 12 thermidor :

*Je jure fidélité à la République et à la Constitution de l'an 3 ; je
jure de m'opposer de tout mon pouvoir au rétablissement de la royauté
en France, et à celui de toute espèce de tyrannie.*

Tout le Directoire le prononcera devant l'Autel de la patrie, et
il sera répété par toutes les Autorités constituées, par les citoyens et
par la force armée.

(Avant que ces cérémonies s'exécutent sur l'Autel de la patrie,
les douze Administrations municipales, précédées chacune d'un
héraut, et escortées d'une garde d'honneur, seront descendues dans
le cirque, et se seront placées sur douze tribunes élevées en face
des talus. Les hérauts ayant invité le peuple au silence, le Président
de chaque Administration répétera le discours du Président du Directoire, et les proclamations qui seront faites sur l'Autel de la
patrie ; il terminera par la prestation du serment civique).

Le Président du Directoire ayant repris sa place, le Ministre des
finances se lèvera et proclamera les noms des départemens où l'emprunt forcé est payé avec le plus d'exactitude et de zèle.

Le Ministre de la guerre se lèvera, et proclamera, comme ayant
bien mérité de la patrie,

1.º L'Administration centrale de la Haute-Garonne, l'Administration municipale de la commune de Toulouse, et les Administrations
centrales du Tarn, de l'Aude, de l'Arriége, des Hautes-Pyrénées,
du Gers, du Lot et de Lot-et-Garonne, ainsi que les Administrations
qui ont contribué à la défaite des brigands royaux ;

2.º Les chefs militaires, les colonnes mobiles, les gardes nationales
et tous les citoyens qui se sont généreusement dévoués à la défense
de la République et de la Constitution de l'an 3, en combattant les
hordes royales qui avaient arboré le drapeau blanc et proclamé
Louis XVIII. (*Loi du 19 fructidor.*)

Le Ministre de la guerre dira ensuite les noms des départemens

où la loi sur les conscrits s'est exécutée avec le plus de zèle et d'en-
thousiasme ; il dira quelques-uns des actes héroïques qui déjà ont
honoré les premiers pas de cette valeureuse jeunesse dans la carrière
des armes.

Alors il donnera ordre à un bataillon de conscrits de s'avancer
vers l'Autel de la patrie.

Le Président du Directoire leur remettra un drapeau, et les invitera
à porter à leurs frères d'armes les témoignages de l'admiration que
leur courage a déjà inspirée, et les espérances qu'il donne à la patrie.

Les Officiers de l'État-major leur distribueront des armes.

Les Conscrits se formeront en demi-cercle devant l'Autel de la
patrie.

Alors commenceront des évolutions militaires, après lesquelles
toutes les troupes défileront entre l'Autel de la patrie et la colonne
élevée à la gloire des héros morts en défendant la République ; elle
sera saluée par tous les drapeaux et étendards de l'armée. *(Loi du
17 fructidor.)*

Des chants patriotiques, et une salve générale d'artillerie, annon-
ceront la fin des cérémonies.

Le Directoire retournera ensuite à la maison du Champ-de-Mars.

Au retour, le Directoire précédera toutes les Autorités, qui marcheront dans l'ordre précédemment observé.

Les conscrits nouvellement armés fermeront la marche.

Au déclin du jour, la place de la Concorde et les édifices publics
seront illuminés.

Le Ministre de l'Intérieur,

QUINETTE.

À PARIS, DE L'IMPRIMERIE DE LA RÉPUBLIQUE.
Fructidor an VII.